VOZES FEMININAS

NÃO EU | PASSOS | CADÊNCIA

VOZES FEMININAS

NÃO EU | PASSOS | CADÊNCIA

Samuel Beckett

tradução
Fábio Ferreira

Sumário

O *olhouvido* ouve: A voz, o corpo
e a materialidade da ausência
no teatro beckettiano tardio,
por Fábio de Souza Andrade   9

NÃO EU   21

PASSOS   35

CADÊNCIA   49

Samuel Beckett, ex-cêntrico e traduzido,
por Fábio Ferreira   65

O *olhouvido* ouve: A voz, o corpo e a materialidade da ausência no teatro beckettiano tardio

Desafiadora, mesmo para um autor que é sinônimo de experimentação, a obra tardia de Samuel Beckett convoca a um trânsito permanente, a um só tempo livre e rigoroso, entre gêneros (lírico, narrativo e dramático), suportes estéticos (o rádio, a cena, a página, as telas), modalidades afetivas (ironia, revolta, compaixão, melancolia), deixando espectadores, leitores e personagens na mesma idêntica, dividida e paradoxal condição: o "juntos sozinhos" em que o "pouco [que] resta a dizer", multiplicando-se por vontade própria, ocupa, com imagens impactantes e vozes incertas, a cena e os labirintos interiores, "abismos de (in)consciência", de suas criaturas finais.

Não eu (1972), *Passos* (1976) e *Cadência* (1980), brevíssimas peças cujos laços esta tradução de Fábio Ferreira, refletida e informada, mas também amorosa e pessoal, sublinha, não se aproximam apenas pela novidade técnica, materialização da ausência ("imagem total com partes faltando"), que radicaliza o atrito entre o visto e o ouvido. No palco austero e fracamente iluminado, as três ocupam-se de recriar as típicas criaturas beckettianas: consciências cindidas, arruinadas, desencontradas de si, personagens para as quais já não há a fiança de uma identidade fixa ou a garantia de uma memória coesa. Resta-lhes habitar corpos fragmentados, evanescentes, a acídia, ora o arremedo compulsivo da mobilidade, ora a quase total imobilidade.

Para além das afinidades estruturais, os três dramatículos ainda compartilham o eixo comum do protagonismo feminino que aos poucos se firmou na obra beckettiana (quando *Esperando Godot* estreia, uma das previsões que se frustraram foi a de que não tinha futuro na França, sem padres ou mulheres em cena). Das tentativas frustradas de converter o namorado à vida ativa de Celia, em *Murphy* à resiliência falante e solitária de Winnie, em *Dias felizes*; das versões em disputa do triângulo amoroso apresentadas pela amante e pela esposa, em *Comédia*, à impaciência bem-humorada da sra. Rooney, na peça radiofônica *Todos os que caem*, pode se acompanhar um adensamento nas mulheres beckettianas que culmina nas divididas heroínas da fase final: presente na jactância descontrolada da Boca, vítima de vozes que não consegue aquietar, em *Não eu*; na indefinição entre vida e morte, imaginação e memória que recobre a existência negativa e ancilar de May, em *Passos*; na descida aos porões de si mesma que a M., de *Cadência*, empreende no enfrentamento solitário e decidido de uma vida residual.

No olho do furacão, destaca-se a Boca, presença mínima, mas imantada em *Não eu*, habitante do círculo mais superficial do inferno. Elevada e à direita, recortada pela luz incisiva contra um palco às escuras, é o único vestígio material, fragmento de corpo, que responde por uma existência feminina calada ao longo de toda a vida e, já na maturidade, atormentada por zumbidos, a audição fraquejando, sofre, mais que ensaia, uma recapitulação de resquícios biográficos, espasmódica e aos saltos. O fluxo de palavras que a assombra e atravessa, associativo e descontrolado (palavras nas quais, aliás, não se reconhece, senão parcial e relutantemente, nunca admitindo que lhe dizem respeito), é incapaz de conferir unidade e coerência às lembranças esparsas, ora banais, ora traumáticas, postais não solicitados de sua vida cinzenta passada. Aqui, a metástase verbal impera e o silêncio é tabu: incontíveis e exasperantes, soberanos e angustiantes, os acessos de linguagem desatada reinam sobre a Boca, atando-a à temporalidade circular da má infinitude, recusando-se a permitir que a inteireza de um "Eu", temida e desejada, acorra para recolher os fragmentos dispersos da sua experiência. Como Molloy, Malone ou o Inominável, protagonistas da trilogia ficcional em que a prosa beckettiana promove uma dissecção da voz individual, expondo nada orgulhosa os despojos resultantes, não existe para a Boca a mais remota possibilidade de uma trégua racionalizante, a invenção de um corpo íntegro e uma biografia estável que os (ou a) acolha.

Se *Não eu* apresenta voz e corpo em eterna disputa, no limite da dissociação e do enfrentamento hostil, como um pseudocasal que custa a se resolver, veículo e vetor das provisórias de aproximações e separações que o sujeito, cindido, busca realizar entre a percepção do mundo exterior e o interior revolto, a consciência fugidia de si próprio e do outro, as rotinas presentes e a memória, também em May, a protagonista de *Passos*, a partir de um jogo cênico de reflexos, que alterna monólogos e pausas, vozes em tempo real e gravadas, movimento e imobilismo, cabe ao espectador tentar uma síntese da personagem. Presença vaga e etérea, reforçada pelo caráter esmorecente da luz que a torna (quase) visível e o arruinado e vaporoso dos figurinos que veste, May é uma filha prestimosa, já entrada na meia-idade, prisioneira solícita dos cuidados demandados pela mãe, anciã inválida, velhíssima, que se deixa perceber apenas por um fiapo de voz, fora de cena, vindo de trás da porta de um suposto quarto, em que ficaria a cama a que está confinada.

O que ata indissoluvelmente a filha, May, à mãe é um cordão umbilical que teima em não se romper, fazendo dela espelho da paciente mencionada por C.G. Jung, em conferência a que Beckett casualmente compareceu, em Londres, na década de 1930, que na descrição do psicanalista sofria por não conseguir "acabar de nascer". O labirinto se complica na medida em que ambas, mãe e filha, se projetam em duplos ficcionais (Amy, anagrama de May, e a sra. Winter, ou W., o inverso de M., a mãe) que também fabulam e vivem presas às mesmas questões recorrentes (memória? Ficção?) que as amarram. Incapaz de acabar de nascer, ainda presa ao útero estéril da mãe doente (ou talvez já morta, memória traumática e fantasmática), May vive encurralada nos trilhos das passadas compulsórias que a confinam ao corredor da casa ancestral, onde se ocupa de remoer repetidamente "aquilo tudo". Como em *Não eu*, também aqui o teatro tardio beckettiano recolhe fragmentos de memória, desejo e fantasia para (des)configurá-los em identidades cindidas, espelhadas em companhia forjada, imaginária também ela.

Se no primeiro dos quatro breves "atos" de *Passos*, a filha caminhante, mulher na casa dos 40, parece cuidar da mãe nonagenária, como sugerem seus diálogos, com a mãe, invisível, supostamente recolhida no quarto, fora de cena, no segundo ato, a voz da mãe, em *off*, sobrepõe-se à ação no palco, observando e narrando a caminhada incessante da filha, cuja preocupação maior é a de confirmar sua existência com o recurso possível: o arrastar da camisola arruinada, em trapos, e o som de seus passos contra o assoalho de madeira, como ela, envelhecido, nem que, para tanto, seja necessário eliminar a surdina dos tapetes grossos.

O terceiro "ato" começa com um "epílogo", a voz da protagonista, May, agora narra sua própria história, mas com requintes de labirinto: enquanto caminha, imagina um par espelhado dela e de sua mãe, Amy e a sra. Winter, e (re)configura memória e desejos próprios na versão vicária das duas. Beckett sugeriu a Billie Whitelaw, atriz para quem a peça foi escrita, que a voz poderia ser um pouco mais viva nessa passagem, dando corpo ao que poderiam ser os registros escritos de tudo que May inventou até o presente, na esperança de que o texto encontrasse um dia seu leitor, mencionado explicitamente no texto ("A velha sra. Winter, de quem o leitor vai se lembrar").

Quando indagada, a personagem anagramática, Amy, que poderia muito bem ser May, responde à mãe, a sra. Winter, sobre sua eventual presença em uma missa: "não notei nada, estranho ou não. Não vi nada e não ouvi nada, de espécie alguma. Eu não estava lá". A fala reforça a instabilidade da trama e relativiza a presença, a um só tempo impositiva e volátil, da personagem que reúne em si os fios dispersos da história: não assistiríamos nós à fabulação de uma consciência solitária apenas, May, Mãe, Amy e Winter sendo apenas projeções das suas dúvidas e imaginação?

O terceiro ato, por sua vez, intensifica dramaticamente a hipótese de que esse corpo atormentado, à frente da plateia, tomando o palco com seu vaivém, tampouco esteja lá, sobre o palco, mas seja mero reflexo sensível das narrativas incrustadas na peça – lembremo-nos da imagem do nascimento inconcluso, ainda presa ao fantasma de um cordão umbilical que estrangula. A imagem de May lembra muito o parto para a morte de Malone, em *Malone morre*, primavera invertida e assunto central do romance. Por fim, um brevíssimo quarto ato, dez segundos sem "nenhum sinal de May", palco vazio, mas o cone de luz que a acompanhava muito presente, cumpre o papel de lembrar que ela, personagem em dissolução, composta de discurso e gestos, palavras e matéria em desacordo, pode muito bem existir apenas na voz da mãe ou na narrativa da velha. Como representar na linguagem e iconograficamente, no palco, um ser incompleto? Como materializar, no palco, a ausência?

Cadência, por fim, se realiza através dos sons fundamentais, refúgio da máxima tensão no mínimo de elementos: poucos elementos cênicos, uma intensa disputa, contrapontística, entre o que se vê e o que se ouve, a potencialização máxima da expressividade lírica e encantatória de um pequeno punhado de palavras e imagens. Numa cadeira de balanço, M., uma mulher precocemente envelhecida, não exatamente "dressed to kill", como o Willie, de *Dias felizes*, mas no vestido negro mais elegante, rosto impassível, ouve atentamente V., sua voz gravada, que narra os quatro estágios de sua progressiva desistência do mundo. Primeiro, uma busca frustrada pelo outro, companhia ou promessa de comunicação, em campo aberto, na errância a esmo pelas ruas; depois, o fracasso da busca empreendida pelo olhar, defendido por trás das janelas pelo recolhimento à imobilidade no quarto; por fim, a renúncia total à miragem da alma gêmea, abandonada em nome de um mergulho vertical na solidão, percurso fisicamente traduzido pela subida ao sótão da casa e ao mais fundo de si mesma, assumindo a cadeira de balanço da mãe, vestindo o vestido de luto que também um dia foi dela.

No palco, o movimento da cadeira, aparentemente espontâneo, responde às reações diversas (comoção, impaciência) que os passos da narrativa provocam na ouvinte, ora mais agitado, ora quase parando. Cessa o movimento, cessa a voz gravada. A voz direta de M. só se faz ouvir em raras ocasiões: quando, por quatro vezes, insta V. a retomar a história interrompida ("agora"), demarcando os quatro atos dessa brevíssima catábase, singularizados entre si também pela diminuição crescente da pouca luz que a envolve, e nas ocasiões em que renuncia a seu silêncio em cena e unindo-se à voz gravada, repete o voto, "hora de parar", expressão do destino ao qual aspira e, supõe-se, a voz gravada a conduz, o fim. Poema em performance, exploração mais intensiva do que a simetria imperfeita, a repetição com mínimas variações, a combinatória lexical mais econômica e a sugestão sonora mais discreta e eficiente podem realizar, *Cadência* é um belo arremate para esse mergulho no domínio da opacidade em que Beckett crava seu território criativo, pouco afeito às simplificações, cioso da forma ambígua e impregnada de possibilidades.

Fábio de Souza Andrade

Professor de Teoria Literária e Literatura Comparada na USP, autor de *Samuel Beckett: O silêncio possível* (Ateliê, 2001), entre outros. De Beckett, traduziu *Esperando Godot, Fim de partida, Dias felizes, Murphy, Watt* e *Disjecta: Escritos diversos e um fragmento dramático*.

Não eu, *Passos* e *Cadência*, três peças de Samuel Beckett, estrearam no Brasil com o título *Vozes do silêncio* na programação virtual do Sesc Rio, na Plataforma Sympla, em meio à pandemia de covid-19, em abril de 2021.

Textos
Samuel Beckett

Tradução
Fábio Ferreira

Performance
Carolina Virgüez

Direção
Fábio Ferreira

Assistente de direção
Ana Paula Rolon e Carolina Rocha

Figurinista
Luiza Marcier

Assistente de figurino
Júlia Roliz

Cenografia
Fábio Ferreira

Assistente de cenografia
Carolina Rocha

Direção de movimento
Paulo Mantuano

Iluminação
Renato Machado

Assistente de iluminação
Rodrigo Lopes

Visagismo
Cleber de Oliveira

Projeto gráfico
Luiza Marcier

Trilha sonora
Felipe Storino

Participação especial
Paulo Passos – Clarone

Supervisão vocal
Jaqueline Priston

Fotografia e edição
André Monteiro

Assessoria de imprensa
Catharina Rocha

Mídia social
Thiago Guarabyra

Administrativo e prestação de contas
Patrícia Basílio

Produção executiva
Ártemis e Alex Nunes

Direção de produção
Sérgio Saboya e Silvio Batistela

Produtora
FF Filmes Ltda.

Realização
Sesc RJ
Governo Federal, Governo do Estado do Rio de Janeiro, Secretaria de Cultura e Economia Criativa do Rio de Janeiro, através da Lei Aldir Blanc.

NÃO EU

de Samuel Beckett

O palco na completa escuridão.

BOCA, ao fundo, cerca de três metros acima do nível do palco, levemente iluminada em close, o restante do rosto na escuridão. Microfone invisível.

AUDITOR, no proscênio, silhueta alta, sexo indeterminado, envolto em uma ampla djelaba com capuz, pouco iluminado, de pé sobre um praticável invisível de cerca de um metro e meio de altura, imóvel ao lado da BOCA, exceto por quatro movimentos breves nos momentos indicados.[1]

O gesto do AUDITOR indica apenas atenção voltada em diagonal à BOCA, ao lado e no fundo do palco.

Ao mesmo tempo em que a iluminação da plateia é reduzida, a voz aumenta, ininteligível, por trás da cortina. A luz da plateia se apaga e a voz continua da mesma forma, por dez segundos. Com

---

[1] O gesto consiste em um tipo de elevação dos braços em um movimento feito de culpa e pena impotente. Ele vacila a cada repetição até que aconteça, no terceiro, quase imperceptível. O gesto se sustenta o suficiente, até que a BOCA se recupere de sua veemente recusa em deixar a terceira pessoa.

a elevação da cortina, os elementos da improvisação chegam ao ápice; uma vez que a cortina esteja totalmente levantada e a visão seja integral, inicia-se o texto propriamente dito.

BOCA:
... mundo... lançada... neste mundo... uma coisinha de nada... antes da hora... num bura-... o quê? menina?... sim... uma menininha de nada... lançada nesse... antes da hora... buraco maldito... chamado... chamado... não importa... pais inexistentes... ninguém nunca ouviu falar... ele sumiu... evaporou em pleno... mal abotoou as calças... ela assim... oito meses depois... quase exatamente... assim sem nenhum amor... ao menos disso se livrou... como de costume — em qualquer lar... uma criança muda... não... amor de tipo nenhum aliás... nenhum tipo de amor... nem depois... história banal... nada de especial até que lá pelos sessenta... — o quê? setenta?... meu Deus!... lá pelos setenta... no campo... um dia ela estava passeando num campo... procurando a esmo... lírios... para fazer um buquê... dar alguns passos e parar... olhar o vazio... então seguir... mais alguns... parar e de novo olhar o vazio... então seguir... quando de repente... pouco a pouco... tudo se foi... toda aquela luz da manhã... início de abril... e eis que ela se viu no... o quê?... quem?... não!... ELA! [*pausa e primeiro movimento*]... eis que ela se viu... no escuro... e se não exatamente... sem qualquer sentimento... porque ainda ouvia o... como se diz... o zum-zum--zum... no ouvido... e um raio de luz ia e vinha... ia e vinha... como se a lua atravessasse as nuvens... mas tão entorpecida... sentindo-se tão entorpecida... como se não soubesse... em que posição estava... imagine!... em que posição estava!... se de pé... ou sentada... mas o cérebro —... o quê? ... ajoelhada?... sim... se

de pé... ou sentada... ou ajoelhada... mas o cérebro —... o quê?... deitada?... sim... se de pé... ou sentada... ou ajoelhada... ou deitada... mas o cérebro ainda... ainda... em certo sentido... porque a primeira coisa que pensou... ah bem depois... num súbito lampejo... educada como tinha sido a acreditar... como outros órfãos... em um Deus... [*risada curta*] ... misericordioso... [*boa risada*] ... então a primeira ideia... ah bem depois... num súbito lampejo... ela estava sendo castigada... sendo castigada... por seus pecados... alguns dos quais imediatamente... como numa confirmação... lhe passaram pela cabeça... um após o outro... aí pensou que bobagem!... ah bem depois... descartada essa ideia ela se deu conta... de repente... pouco a pouco... que não estava sofrendo... imagine!... não estava sofrendo!... ela não conseguia se lembrar aliás... assim... de cara... quando é que tinha sofrido tão pouco... a não ser é claro que... ela estivesse destinada a sofrer... ah!... pensou dessa forma... naquele estranho momento... da sua vida... quando claramente era para sentir prazer... e ela na verdade... não teve nenhum... nem um pingo... e é claro... aquela ideia de castigo... por um pecado qualquer... ou todos os pecados juntos... ou mesmo sem razão especial... por si só... coisa que ela prontamente admite... essa ideia de castigo... a primeira que lhe ocorreu... educada como ela tinha sido a acreditar... como os outros órfãos... em um Deus... [*risada curta*] ... misericordioso... [*boa risada*]... primeira ideia que lhe ocorreu... depois descartou... pensando que bobagem... talvez não tenha sido afinal... uma bobagem... e assim por diante... tudo aquilo... cismando à toa... até que outra ideia... ah bem depois... num súbito lampejo... no fundo uma grande bobagem mas —... o quê?... o zum-zum-zum?... sim... o tempo todo o... o tal zum-zum-zum... no ouvido... embora com certeza na verdade... no ouvido coisa nenhuma... no crânio... rugido abafado dentro do crânio... e o tempo todo aquela luz ou raio... como um raio de luar... mas provavelmente não... certamente não... sempre o mesmo lugar... por vezes reluzente... outras vezes encoberto... mas sempre o mesmo lugar... não havia lua que pudesse... não... nada de lua... tudo parte de um mesmo desejo de... fazer sofrer... embora para dizer a verdade na realidade... nem um pouco... nenhum remorso... até aqui... ah!... até aqui... aquela outra ideia... ah bem depois... num súbito lampejo... no fundo uma bobagem mesmo mas que lhe era tão cara... em certo sentido... a ideia de que talvez fosse bom ela... gemer... de tempos em tempos... não dava para se contorcer... isso não dava... como se de fato provocasse um suplício... nada mais a fazer... mais forte que ela... vício de caráter... incapaz de enganar... ou ainda a máquina... a máquina... então desconectada... nunca recebeu a mensagem... ou incapaz de responder... como que entorpecida... incapaz de emitir um som... nenhum som... nenhum som de qualquer tipo... nada de gritar por ajuda por exemplo —... se assim desejasse... gritar [*grita*]... e então escutar [*silêncio*]... gritar de novo [*grita de novo*]... e então escutar de novo [*silêncio*]... não... disso ela se livrou... em absoluto silêncio tumular... nada nela se —... o quê?... o zum-zum-zum... sim... silêncio tumular exceto pelo tal zum-zum-zum... nada nela se movia... não que ela o sentisse... apenas as pálpebras... ao que tudo indica... de tempos em tempos —... para barrar a luz... reflexo como se diz... nenhuma sensação de qualquer espécie... mas as pálpebras... mesmo nos melhores dias... quem as percebe?... abrindo... fechando... abrindo... fechando... toda aquela umidade... mas o cérebro ainda... ainda o bastante... ah isto sim!... neste estágio... de controle... sob controle... pôr até mesmo isso em dúvida... ainda que... porque naquela manhã de abril... por isso refletiu... naquela manhã de abril... ela com o olhar fixo... um sino distante... enquanto corria na sua direção... olhando fixo para... para que não lhe escapasse... se é que já não tinha escapado a tudo... toda aquela luz... própria... sem nenhuma... nenhuma... da sua parte... assim ia... assim refletindo... especulações vãs... e nenhum único ruído... doce silêncio tumular... quando de repente... pouco a pou... ela perce-... o quê?... o zum-zum--zum?... sim... nem um único ruído além do tal zum-zum--zum... quando de repente ela percebeu... que palavras estavam... — o quê?... quem?... não... ELA!... [*pausa e segundo gesto*]... palavras estavam saindo... imagine!... palavras estavam saindo... uma voz que inicialmente ela não reconheceu porque não a ouvia há muito tempo... então finalmente teve que admitir... só podia ser a dela... os sons de algumas vogais... nunca ouvidos... em outro lugar... tanto que as pessoas olhavam... com estupor... nas raras ocasiões... duas ou três vezes por ano... sempre no inverno vai saber por quê... olhavam para ela espantadas... e agora esse fluxo... contínuo... ela que nunca tinha... pelo contrário... praticamente muda... a vida toda... como é que conseguiu sobreviver!... até fazendo compras... indo às compras... o shopping lotado... shopping... entregar a lista... a sacola... a velha sacola preta... depois esperar... plantada ali... o tempo que fosse... no meio da multidão... imóvel... os olhos no vazio... boca entreaberta como de costume... até ter de volta na mão... ter a sacola de volta na mão... então pagar e sair... nem mesmo um até logo... como é que conseguiu sobreviver!... e agora esse fluxo... não entendendo nada... nem metade... nem um quarto... não fazendo ideia... do que ela estava dizendo... imagine! nem ideia do que estava dizendo!... até que ela começou a tentar... se enganar... se convencer de que não era mesmo dela... não era mesmo a sua voz... e seria vital sem dúvida que... a todo custo... depois de muito esforço... quando de repente ela

sentiu... pouco a pouco ela sentiu... seus lábios se moverem...
imagine!... seus lábios se moverem!... é claro que como até então ela não os tinha... sim sem dúvida... e não foram só os lábios... as bochechas... mandíbulas... o rosto todo... todas aquelas —... o quê?... a língua?... sim... a língua dentro da boca... todas aquelas contorções sem as quais... nenhuma palavra possível... ainda que de forma casual... passam totalmente despercebidas... tão absorvidos... estamos naquilo que dizemos... todo o ser... condenado às palavras... de modo que não só ela teve... ela não apenas teve que... desistir... reconhecer que era sua... sua própria voz... mas ainda uma outra ideia assustadora... ah bem depois... num súbito lampejo... ainda mais assustadora... se é que isso é possível... de que a sensação estava retornando... imagine!... a sensação retornando... começando de cima... depois continuando para baixo... a máquina inteira... mas não... disso ela se livrou... só a boca até então... ah!... até então... então dizendo... ah bem depois... num súbito lampejo... isso não pode durar... todo esse todo aquele... fluxo contínuo... a luta para escutar... tirar algo dali... e dos próprios pensamentos... tirar algo dali... aquela coisa — o quê?... o zum-zum-zum?... sim... o tempo todo o tal zum-zum-zum... aquela coisa toda... imagine!... o corpo inteiro como que desaparecido... nada além da... boca... lábios... bochechas... mandíbulas... nem um —... o quê?... a língua?... sim... boca... lábios... bochechas... mandíbulas... língua... nem um... sem parar um segundo... boca flamejante... fluxo de palavras... no ouvido... praticamente dentro do ouvido... não entendendo nada... nem metade... nem um quarto... nem ideia... do que ela está dizendo... imagine!... não fazendo ideia do que ela está dizendo... e não consegue parar... impossível parar... ela que instantes antes... um instante!... não conseguia emitir um som que fosse... nenhum som... nenhum

som de qualquer tipo... agora não consegue mais... parar... imagine! não consegue deter o fluxo... e o cérebro como numa prece... em algum lugar uma prece... para que a boca pare... uma pausa... só um instante... sem resposta... como se ela não tivesse ouvido... a boca... ou não conseguisse... não conseguisse parar por um segundo... como louca... a boca enlouquecida... a coisa toda... a luta para escutar... agarrar o fio... e o cérebro sozinho... delirando de novo... tentando buscar sentido... ou pôr fim... ou no passado... vasculhando o passado... pequenos lampejos de ocorrências... sobretudo caminhadas... a vida toda vagando... todos os dias da sua vida... dia após dia... dar alguns passos depois parar... os olhos no vazio... então seguir... mais alguns passos... parar e o vazio novamente... assim por diante... à deriva... dia após dia... ou aquela vez em que ela chorou... a única vez de que se lembrava... desde bebê... quando chorou como bebê... talvez não... não fosse essencial à vida... apenas um longo gemido inaugural para ela... respirar... e nenhum a mais até aqui... já bruxa velha... parada ali agachada... observando a mão... a palma da mão... onde era mesmo?... num pasto qualquer... uma noite quando voltava para casa... para casa!... noitinha... acocorada num monturo... observando sua mão... no colo... onde era mesmo?... palma para cima... reparou de repente... úmida... a palma úmida... lágrimas provavelmente... suas provavelmente... ninguém por ali a perder de vista... nenhum som... nada além de lágrimas... naquele montículo... vendo-as secar... um segundo e pronto... ou agarrada ao último fio de... o próprio cérebro... oscilando... mais uma tentativa... se agarrar lá... por ali... um fio de voz... pior... imperceptível... a coisa toda... impossível —... o quê?... o zum-zum-zum?... sim... o tempo todo o zum-zum-zum... rugido abafado... e o raio... indo e vindo em clarões... começando a se deslocar...

como um raio de luar mas não... tudo parte de um mesmo... ficar de olho nisso também... canto de olho... a coisa toda... impossível continuar... Deus é amor... ela será salva... suas penas cumpridas... de volta ao campo... o rosto na grama... sozinha no mundo... com as cotovias... e assim ia... se agarrando às possibilidades... a luta para escutar —... uma palavra aqui e ali... buscando sentido... o corpo inteiro como que desaparecido... nada além da boca... enlouquecida... e não conseguir contê-la... impossível contê-la... alguma coisa que ela —... algo que ela precisava —... o quê?... quem?... não!... ELA! ... [*pausa e terceiro gesto*]... algo que ela precisava —... o quê?... o zum-zum-zum?... sim... o tempo todo... rugido abafado dentro do crânio... e o raio... se intrometendo... sem dor... até então... ah!... até então... e a ideia... ah bem depois... num súbito lampejo... como se ela tivesse que dizer alguma coisa que... seria isso?... algo que ela tivesse que... dizer... uma coisinha de nada... antes da hora... naquele buraco maldito... sem amor... poupada disso... muda... a vida toda... praticamente muda... toda a sua vida... como é que conseguiu sobreviver!... naquele dia no tribunal... o que é que ela poderia dizer... culpada ou inocente?... levante-se mulher... fale algo mulher... plantada ali... olhos no vazio... boca entreaberta como de costume... esperando ser levada... feliz com a mão em seu braço... e agora isso... alguma coisa que ela tivesse que dizer seria isso?... algo que descrevesse... como foi... como... ela — o quê?... tinha sido?... sim... algo que descrevesse... como foi... como ela foi vivendo... culpada ou não... foi vivendo... até os sessenta... algo que ela —... o quê? setenta?... meu Deus!... até os setenta... alguma coisa que ela mesma nem sabia... que ela não reconheceria... mesmo tendo escutado... e então perdoada... Deus é amor... misericórdia... luz renovada a cada manhã... de volta ao campo... manhã de abril... o rosto na grama...

sozinha no mundo... com as cotovias... retomar dali... e continuar dali mais alguns... o quê?... não é isso?... nada a ver com isso?... nada que ela pudesse dizer?... está bem... nada que ela pudesse dizer... tentar outra coisa... pensar em outra coisa... outra ideia... ah bem depois... num súbito lampejo... isso também não?... está bem... outra coisa ainda... e assim vai... acertando enfim... pensar em tudo ir seguindo o tempo que for... e então perdoada... de volta ao —... o quê?... não é isso?... nada a ver com isso também?... nada que ela pudesse pensar?... está bem... nada que ela possa dizer... nada que pudesse pensar... nada — [*pausa e quarto gesto*]... coisinha de nada... no mundo antes do tempo... buraco maldito... sem amor... disso se livrou... muda a vida toda... praticamente muda... até para si mesma... nunca em voz alta... mas não de todo... por vezes uma vontade repentina... umas duas vezes por ano... sempre no inverno vai saber por quê... as longas noites... horas de escuridão... uma vontade repentina de... contar... e aí sair como uma louca para interpelar o primeiro que visse pela frente... no banheiro mais próximo... e pôr tudo pra fora... fluxo contínuo... enlouquecida... todas as vogais atravessadas... ninguém entendendo nada... até ela reparar em todos os olhares... e aí morrer de vergonha... e rastejar de volta para o seu buraco... umas duas vezes por ano... sempre no inverno vai saber por quê... longas horas de escuridão... e agora isso... isso... cada vez mais rápido... as palavras... o cérebro... oscilando como louco... pegar rápido no... Pá! nada ali... ou em outro lugar... e o tempo todo uma prece... vinda de algum lugar uma prece... para que aquilo tudo parasse... e nenhuma resposta... prece não atendida... ou inaudível... muito fraca... e assim vai... continuar... tentar... não sabendo o quê... o que é que ela estava tentando... o que tentar... o corpo inteiro como que desaparecido... nada além da boca... enlou-

quecida... e assim vai... continuar —... o quê?... o zum-zum-
-zum?... sim... o tempo todo o zum-zum-zum... gemido contínuo de queda... no crânio... e o raio... penetrando... sem esforço... até então... ah!... até então... tudo aquilo... continuar... sem
saber o que... o que estava — o quê?... quem?... não... ELA!...
[*pausa sem gesto*]... o que é que ela estava tentando... o que tentar... não importa... continuar... [*a cortina começa a descer*]...
então se rendeu... Deus é amor... renovado cada manhã... de
volta ao campo... manhã de abril... rosto na grama... sozinha no
mundo... com as cotovias... retomar dali...

Cortina completamente baixada. Teatro na escuridão. A voz continua ininteligível atrás da cortina, dez segundos, enfraquece e fica em silêncio ao mesmo tempo em que a iluminação retorna à sala.

PASSOS

de Samuel Beckett

MAY (M.), cabelos grisalhos desgrenhados, robe cinza surrado cobrindo os pés e arrastando no chão.

VOZ DE MULHER (V.), do fundo do palco, no escuro.

Notas

Pista: Entre as coxias, paralela à ribalta, nove passos de comprimento, cerca de um metro, ligeiramente deslocada do centro, à direita do público.

```
         d e d e d e d e d ←
E ─────────────────────────── D
         → e d e d e d e d e
```

Vaivém: Começando com o pé direito (d), da direita (D) para a esquerda (E), com o pé esquerdo (e) da esquerda para a direita.

Meia-volta: À direita na esquerda, à esquerda na direita.

Passos: Claramente audíveis e ritmados.

Iluminação: Fraca, mais forte no nível do chão, menos no corpo, menos ainda na cabeça.

Vozes: Baixas e lentas do começo ao fim.

Cortina: Palco na escuridão.

Uma única badalada fraca. Pausa enquanto os ecos silenciam.

Aumento gradual da luz sobre a pista. O resto na escuridão.

M. aparece dirigindo-se a passos lentos para a posição E. Dá meia-volta na posição à direita, dá mais três passos e estanca voltada para a posição à direita.

Um tempo.

M.:
Mãe. [*um tempo. Sem levantar a voz*] Mãe.

V.:
Sim, May.

M.:
Adormeceu?

V.:
Profundamente. Ouvi você no meu sono profundo. Mesmo no sono mais profundo posso te ouvir. [*um tempo. M. recomeça a andar. Quatro percursos. No segundo percurso, sincronizando os*

passos] Sete, oito, nove e virou! [*no terceiro, da mesma forma*] Sete, oito, nove e virou! [*no quarto percurso*] Não vai tentar tirar um cochilo? [*M. estanca voltada para a direita. Um tempo*]

M.:
Quer que te aplique outra dose?

V.:
Sim, mas ainda é cedo [*um tempo*].

M.:
Quer que te mude de posição novamente?

V.:
Sim, mas ainda é cedo [*um tempo*].

M.:
Quer que eu ajeite os travesseiros? [*um tempo*] Que eu troque os lençóis? [*um tempo*]
Quer a comadre? [*um tempo*] Ou que eu aqueça sua cama? [*um tempo*] Que eu limpe suas feridas? [*um tempo*] Te passe uma esponja? [*um tempo*] Umedeça seus tristes lábios? [*um tempo*] Reze com você? [*um tempo*] Reze por você? [*um tempo*] Mais uma vez.

V.:
Sim, mas ainda é cedo [*um tempo*].

M. recomeça. Um passo. Estanca voltada para a esquerda. Um tempo.

M.:
Que idade tenho agora?

v.:
E eu então? [*um tempo. Sem levantar a voz*] E eu?

M.:
Noventa.

v.:
Tanto assim?

M.:
Oitenta e nove, noventa.

v.:
Tive você tarde. [*um tempo*] Na vida. [*um tempo*] Me perdoe mais uma vez. [*um tempo. Sem levantar a voz*] Me perdoe mais uma vez. [*um tempo*]

M.:
Que idade eu tenho agora?

v.:
Quarenta.

M.:
Tão pouco?

v.:
Infelizmente, sim. [*um tempo. M. recomeça a andar. Quatro percursos. No segundo*] May. [*um tempo. Sem levantar a voz*] May.

M.:
[*no terceiro percurso*] Sim, mãe.

v.:
[*no terceiro percurso*] Você nunca vai parar? [*no quarto percurso*] Nunca vai parar de revolver tudo isso? [*M. estanca voltada para a esquerda*]

M.:
Isso?

V.:
Tudo isso. [*um tempo*] Na sua pobre cabeça. [*um tempo*] Tudo isso. [*um tempo*] Tudo isso.

Um tempo. M. recomeça a andar. Um percurso. A luz diminui lentamente sobre a pista. M. estanca à direita na escuridão. Um tempo longo. Badalada um pouco mais fraca. Eco. A luz retorna um pouco mais fraca. M. imóvel, voltada para a direita. Um tempo.

V.:
Eu estou rondando por aqui. [*um tempo*] Ou melhor, venho e me... posiciono. [*um tempo*] A noite cai. [*um tempo*] Ela imagina que está só. [*um tempo*] Veja só como está imóvel, virada de cara para a parede. Aparentemente impassível! [*um tempo*] Ela não sai desde criança. [*um tempo*] Não sai desde criança. [*um tempo*] Onde está? Poderíamos perguntar. [*um tempo*] — Na velha casa, a mesma onde ela — [*um tempo*] a mesma onde ela começou. [*um tempo*] Onde ela começou. [*um tempo*] Tudo isso começou. [*um tempo*] Mas isso, isso, quando isso começou? [*um tempo*] Quando outras garotas da idade dela estavam por aí... pulando amarelinha, ela já estava aqui. [*um tempo*] Nisso já começava. [*um tempo*] O piso aqui, agora nu, um dia foi — [*M começa. Passos um pouco mais lentos. Quatro percursos. No primeiro*] Admiremos seu porte em silêncio. [*fim do segundo percurso*] Que giro elegante [*no terceiro percurso, os passos em sincronia*]. Sete, oito, nove, virou! [*M. estanca voltada para a direita*] Como eu

dizia, o piso aqui, agora nu, tem essa marca no chão, um dia foi coberto por um tapete espesso. Até que numa noite, mal havia saído da infância, ela chamou sua mãe e disse: Mãe, isso não é suficiente. A mãe: Não é suficiente, May? May — o seu nome de batismo. — May: Não é suficiente. A mãe: O que você quer dizer com isso, May, não é suficiente, o que é que você pode estar querendo dizer com isso, não é suficiente? May: O que estou querendo dizer, mãe, é que preciso ouvir os passos, ainda que fracos. [*um tempo. M. recomeça. Seis percursos. No segundo*] Será que ela ainda dorme, poderíamos perguntar? Sim, algumas noites, nos intervalos, cochila, apoia sua pobre cabeça contra a parede e, nos intervalos, cochila. [*no quarto percurso*] Ainda fala? Sim, algumas noites, quando imagina que ninguém poderia ouvi-la. [*no quinto percurso*] Diz como foi. Tenta contar como foi. Tudo. [*no início do sexto percurso*] Tudo.

Luz diminui gradualmente, exceto sobre a pista. M. estanca à direita, na escuridão. Um tempo longo.

Badalada ainda um pouco mais fraca. Eco.

Luz retorna, agora um pouco mais fraca.

M. imóvel, voltada para a direita. Um tempo.

M.:
Epílogo. [*um tempo. Começa a andar. Passos ainda um pouco mais lentos. Dois percursos, estanca voltada para direita. Um tempo*] Epílogo. Um pouco mais tarde, quando ela já estava totalmente esquecida, começou a — [*um tempo*] Um pouco mais tarde, foi como se ela nunca tivesse sido, como se ela jamais tivesse

estado, começou com o andar. [*um tempo*] Ao anoitecer [*um tempo*]. A noite caiu, e ela escapou, entrando na pequena capela pela porta norte, sempre trancada a essa hora, rondar, pra cima e pra baixo, pra cima e pra baixo, seu pobre braço salvador. [*um tempo*] Algumas noites ela estancava, como que congelada por algum tremor em sua mente, e ficava ali completamente imóvel até que pudesse de novo se mover. Mas muitas foram as noites em que ela rondou sem parar, pra cima e pra baixo, pra cima e para baixo, até sumir do mesmo jeito que apareceu. [*um tempo*] Nenhum som. [*um tempo*] Pelo menos nenhum que se escutasse. [*um tempo longo*] O rosto. [*um tempo. Ela recomeça. Dois percursos, depois estanca, voltada para a direita*] O rosto. Pouco visível, embora de modo algum invisível, sob uma certa luz. [*um tempo*] Sob a luz correta. [*um tempo*] Cinza em vez de branco, um tom claro de cinza. [*um tempo*] Aos trapos. [*um tempo*] Um amontoado de trapos. [*um tempo*] Um pálido amontoado de trapos cinzentos. [*um tempo*] Observem ela passar — [*um tempo*] vejam como ela passa diante do candelabro, com sua chama, sua luz... como se fosse a lua envolta em vapores. [*um tempo*] Logo depois de ter ido embora, como se nunca tivesse estado ali, começou a andar, para cima e para baixo, aquele pobre braço. [*um tempo*] A noite caiu. [*um tempo*] Quer dizer, em certas estações do ano, durante as missas do fim de tarde. [*um tempo*] Fatalmente. [*um tempo. Ela recomeça a andar. Um percurso, estanca voltada para a esquerda. Um tempo*] A velha sra. Winter, de quem o leitor vai se lembrar, a velha sra. Winter, num domingo à noite no final do outono, ao sentar-se para jantar com a filha, depois da prece, após algumas garfadas desanimadas, cruzou os talheres e baixou a cabeça. O que é, mãe, perguntou a filha, menina muito estranha, não era mais uma menina, a bem da verdade... [*voz entrecortada*]... terrivelmente in-... [*um tempo. Voz normal*] O que é, mãe, não está se sentindo bem? [*um tempo*] A sra. Winter não respondeu logo. Mas, por fim, erguendo a cabeça, encarou Amy, o nome de batismo da filha, como o leitor vai se lembrar — erguendo a cabeça e encarando Amy nos olhos, ela disse — [*um tempo*] ela murmurou, encarando Amy direto nos olhos, ela murmurou, Amy, você percebeu alguma coisa... de estranho no coro da missa? Amy: Não, mãe, nada. Sra. Winter: Talvez eu só tenha imaginado. Amy: Exatamente o que, mãe, que você talvez só tenha imaginado? [*um tempo*] O que era exatamente, mãe, essa coisa estranha... que você talvez tenha notado? [*um tempo*] Sra. Winter: Você mesma não notou nada?... Amy: Não, mãe, eu mesma não notei nada, para dizer o mínimo. Sra. Winter: O que você quer dizer, Amy, com para dizer o mínimo, o que é que você pode estar querendo dizer, Amy, o mínimo? Amy: Quero dizer, mãe, quero dizer que não notei nada... estranho, na verdade, para dizer o mínimo... Pois eu não notei nada, estranho ou não. Não vi nada e não ouvi nada, de espécie alguma. Eu não estava lá. Sra. Winter: Não estava lá? Amy: Não estava lá. Sra. Winter: Mas ouvi você responder. [*um tempo*] Eu ouvi você dizer Amém. [*um tempo*] Como você poderia ter respondido se não estava lá? [*um tempo*] Como você poderia ter dito Amém se, como você alega, não estava lá? [*um tempo. Cântico*] A graça de Cristo, o amor de Deus e do Espírito Santo estejam convosco. Amém. [*um tempo*] Eu ouvi você claramente. [*um tempo. Recomeça a andar. Um percurso. Após cinco passos, estanca de perfil. Um tempo longo. Retoma e estanca à direita*] Amy. [*um tempo. Sem levantar a voz*] Amy. [*um tempo*] Sim, mãe. [*um tempo*] Você nunca vai parar? [*um tempo*] Nunca vai parar... de revolver tudo isso? [*um tempo*] Isso? [*um tempo*] Tudo. [*um tempo*] Na sua pobre cabeça. [*um tempo*] Tudo isso. [*um tempo*] Tudo isso.

Um tempo. Luz diminui gradualmente, exceto na pista. Escuridão. Um tempo longo. Badalada ainda mais fraca. Eco. A luz ainda mais fraca.

Nenhum vestígio de May. Dez segundos.

As luzes se apagam lentamente, incluindo a pista. Escuridão.

Cortina.

CADÊNCIA

de Samuel Beckett

M., mulher na cadeira.

V., sua voz gravada.

Notas

Luz: Fraca sobre a cadeira. O resto do palco escuro. Foco fraco e constante no rosto, indiferente às sucessivas modulações da iluminação. Ou largo o bastante para conter os limites estreitos do balanço, ou concentrado no rosto quando parado, ou a meio balanço. Assim, durante a fala, o rosto oscila levemente dentro e fora da luz. No início, luz apenas no rosto. Longa pausa. Então o foco se abre para a cadeira. No final, a luz da cadeira reduz primeiro. Longa pausa, foco apenas no rosto. Cabeça afunda lentamente, até repousar. Redução completa da iluminação.

M.: Prematuramente envelhecida. Cabelos grisalhos, despenteados. Olhos enormes em rosto pálido e inexpressivo. Mãos brancas, segurando as extremidades dos braços da cadeira.

Olhos: Ora fechados, ora abertos, com olhar fixo. Em proporções iguais na 1ª parte; cada vez mais fechados nas 2ª e 3ª partes; e completamente fechados do meio da 4ª parte em diante.

Figurino: Vestido de noite preto-rendado com gola alta. Mangas compridas. Quando balança, as lantejoulas negras cintilam. Um incongruente *fascinator* com enfeites extravagantes posicionado obliquamente, para captar a luz enquanto balança.

Atitude: Estática até o desaparecimento gradual da cadeira. Depois, cabeça levemente inclinada sob a luz do refletor.

Cadeira: Madeira clara e bem encerada, para brilhar com o balanço. Apoio para os pés. Encosto alto, reto. Braços curvos, se arredondando para dentro, sugerindo um abraço.

Balanço: Leve. Lento. Controlado mecanicamente, sem a ajuda de M. Voz, gradativamente mais fraca ao se aproximar do final da 4ª parte, a partir de "dizendo para si". Linhas em itálico faladas conjuntamente por V. e por M. Em tom cada vez mais baixo. O "agora", de M., cada vez mais fraco.

Ilumina-se M. na cadeira de balanço, ligeiramente deslocada do centro do palco, à esquerda da plateia.

Pausa longa.

M.:
Agora.

Pausa. Balanço e voz juntos.

V.:
então no fim
o dia chegou
no fim chegou
fim de um longo dia
quando ela disse
a si mesma
a quem mais
hora de parar
hora de parar

indo e vindo
toda olhos
por toda parte
acima e abaixo
onde outra
outra como ela
outra criatura como ela
assim como
indo e vindo
toda olhos
por toda parte
acima e abaixo
onde outra
até que enfim
fim de um longo dia
a si mesma
a quem mais
hora de parar
hora de parar
indo e vindo
toda olhos
por toda parte
acima e abaixo
onde outra
uma outra ninguém
indo e vindo
toda olhos como ela
por toda parte
acima e abaixo
à procura de outra
outra como ela mesma

assim como ela
indo e vindo
até que enfim
fim de um longo dia
a si mesma
a quem mais
hora de parar
indo e vindo
hora de parar
hora de parar

Juntas: eco de "hora de parar", interrupção do balanço e redução gradual da luz.

Longa pausa.

M.:
Agora.

Pausa. Balanço e voz juntos.

V.:
então no fim
fim de um longo dia
retornou
ao fim retornou
dizendo para si
a quem mais
hora de parar

hora de parar
indo e vindo
quando retornou e sentou
à sua janela
silenciosa à sua janela
diante de outras janelas
então ao fim
fim de um longo dia
no fim retornou e sentou
novamente sentou
à sua janela
suspendeu as cortinas e sentou
silenciosa à sua janela
única janela
diante de outras janelas
outras únicas janelas
toda olhos
por toda parte
acima e abaixo
à procura de outra
em sua janela
outra como ela mesma
assim como
outra ninguém
uma outra ninguém
à sua janela
retornou como ela
retornou para
no fim
fim de um longo dia
dizendo para si

a quem mais
hora de parar
hora de parar
indo e vindo
quando retornou e sentou
à sua janela
silenciosa à sua janela
única janela
diante de outras janelas
outras únicas janelas
toda olhos
por toda parte
indo e vindo
à procura de outra
outra como ela
assim como
outra ninguém
outra ninguém

Simultaneamente: eco de "ninguém", interrompendo o balanço, redução gradual da luz. Longa pausa.

M.:
Agora.

Pausa. Balanço e voz juntos.

V.:
até que ao fim

o dia chegou
no fim chegou
fim de um longo dia
sentada à janela
imóvel à sua janela
única janela
diante de outras janelas
outras únicas janelas
todas as cortinas fechadas
nenhuma aberta
só a sua aberta
até que o dia chegou
no fim chegou
fim de um longo dia
sentada à sua janela
imóvel à sua janela
toda olhos
por toda parte
acima e abaixo
à procura de uma aberta
uma cortina aberta
nada além de
um rosto ao menos
por trás da vidraça
olhos esfomeados
como os seus
para ver
serem vistos
não
uma cortina aberta
como a sua

assim como
nada além
outra criatura lá
em algum lugar lá
atrás da vidraça
outra ninguém
uma outra ninguém
até que o dia então chegou
no fim chegou
fim de um longo dia
quando ela disse
a si mesma
a quem mais
hora de parar
hora de parar
sentada em sua janela
imóvel à sua janela
única janela
diante de outras únicas janelas
apenas outras janelas
toda olhos
por toda parte
acima e abaixo
hora de parar
hora de parar

Simultaneamente: eco de "hora de parar", interrupção do balanço e redução gradativa da luz. Longa pausa.

M.:
Agora.

Pausa. Balanço e voz juntos.

v.:
então no fim
fim de um longo dia
desceu
ao fim desceu
desceu a escada íngreme
fechou as cortinas e desceu
parou lá embaixo
a velha cadeira de balanço
cadeira da sua mãe
onde a mãe sentara
por tantos anos
toda de preto
o melhor vestido preto
sentava e balançava
balançava
até que seu fim chegou
então chegou
caduca disseram
caducou
inofensiva
sem causar dano
morta um dia
não
noite
morta uma noite
na cadeira de balanço
com seu melhor vestido preto

cabeça caída
e a cadeira balançando
seguiu balançando
até o fim
fim de um longo dia
desceu
enfim desceu
desceu a escada íngreme
fechou as cortinas e desceu
lá embaixo
na velha cadeira de balanço
aqueles braços finalmente
e balançou
balançou
com os olhos fechados
fechando os olhos
ela por tantos olhos
olhos esfomeados
por toda parte
acima e abaixo
e atrás
à sua janela
ver
ser vista
até o fim
fim de um longo dia
a si mesma
a quem mais
hora de parar
baixou a cortina e parou
no tempo em que desceu

desceu a escada íngreme
no tempo em que desceu até lá
era a sua outra
outra ninguém
então no final
fim de um longo dia
desceu
baixou a cortina e desceu
até lá
na velha cadeira
e balançou
balançou
dizendo a si mesma
não
chega disso
o balanço
àqueles braços finalmente
implorando o balanço
balance mais
feche os olhos
porra de vida
feche os olhos
balance mais
balance mais

Simultaneamente: eco de "balance mais", saindo com o balanço e a luz lentamente.

FIM

Samuel Beckett, ex-cêntrico e traduzido

> All these calculations yes explanations yes the whole
> story from beginning to end yes completely false yes[1]
> SAMUEL BECKETT, *How It Is*

Quem escreve? De onde escreve? Quando escreve? Essas perguntas não serão respondidas, as respostas não serão concluídas, mas o que importa é o jogo do pensar sobre a práxis da tradução como transculturação, como um diálogo interno e externo com identidade. Identidades. Criar uma perspectiva crítica que inclua, no projeto tradutório, uma reflexão sobre a práxis tradutória e seu viés político.

A *literatura menor* de Beckett, como Deleuze e Guattari conceituaram a expressão, implica um deslocamento provocado por uma descaracterização cultural em função do espaço e da língua.

Deslocamentos nos importam porque estamos tratando de identidades móveis e de desterritorializações como dispositivos de uma literatura menor, a partir de um contexto pós-colo-

---

[1] "Todos esses cálculos sim explicações sim toda a história do começo ao fim sim completamente falso sim". In: *Como é*, Samuel Beckett. Tradução Ana Helena Souza. SP: Iluminuras, 2003.

nial. Podemos pensar a escrita biográfica como uma narrativa identitária, que, de alguma forma, se esforça para apresentar uma "unidade" impossível. Pensar, por exemplo, que a famosa biografia de James Knowlson sobre Samuel Beckett, *Damned to Fame*, produziu lacunas, e que um pensamento lacunar nos ilumina tanto quanto o texto que costura depoimentos e memórias de um escritor canônico e enigmático como Beckett. Porque o pessoal é político! Também podemos pensar que o silêncio do biografado sobre temas relacionados aos conflitos nacionais que aconteceram na sua juventude é um sintoma da sua literatura. Ou a sua bigamia, seu alcoolismo. O próprio silenciar-se (assim, duplamente reflexivo). Não desejei aqui, no entanto, perder de vista a lição de Deleuze em *Lógica do sentido*:[2] "não devemos nos contentar nem com a biografia nem com a bibliografia, é preciso atingir um ponto secreto em que a mesma coisa é anedota da vida e aforismo do pensamento".[3] Seja como for, o processo de tradução, o "como" traduzir, é transcultural e diz de quem traduz, de onde traduz, quando traduz. Traduzir, em si, como um processo de deslocamento, de deslizamento de identidades, porque envolve línguas, referências locais, temporais, representações culturais e históricas em um processo para o qual o erro é produtivo na transmissão inexata de um conteúdo inessencial. Ou, como Oswald de Andrade proclamará no "Manifesto Poesia Pau-Brasil":

> A língua sem arcaísmos, sem erudição. Natural
> e neológica. A contribuição milionária de todos
> os erros. Como falamos. Como somos.

---

[2] Deleuze, G. 1974, p. 132.
[3] Ver *Janelas indiscretas: Ensaios de crítica biográfica*, de Eneida Maria de Souza (Belo Horizonte: Ed. UFMG, 2011).

O processo identitário, porque tradutório, se desloca entre a Irlanda do século XX e o Brasil atual. Entre perplexidades do aqui e do agora, numa nação onde os conflitos pós-coloniais se intensificam socialmente através de conflitos entre identidades escravagistas, não republicanas, e a política de identidade propriamente dita, e os pormenores de uma Irlanda que experimentou no século passado a violência da luta contra o imperialismo britânico. Afinal, seu processo de independência tardia foi sangrento, tendo a constituição da república moderna ocorrido entre os anos de 1916, na Revolta da Páscoa, 1921, com a Independência, e 1939, com a criação da República Livre da Irlanda.

É indispensável pensar, por um lado, no caso da leitura e tradução de Beckett, em uma Irlanda imaginária, de um expatriado, autoexilado, que nunca realizou a ideia de nação para além de uma narrativa falida entre outras narrativas falidas, como as tentativas de unificação e identificação do sujeito com um lugar/tradição. Mas, por outro lado, os conflitos familiares, principalmente com sua mãe, e os sons e as imagens da ilha — assim como outras sensações da infância e juventude — também se manifestam na invenção da língua beckettiana em sua obra.

Entre o declarado antinacionalismo, e seus folclorismos celtas/gaélicos, e o anti-imperialismo há um hiato — a constituição dos "aspectos marginais" que desenham a literatura menor de Beckett. *Esburacar a linguagem* é um projeto político e, consequentemente, estético. A condição mesma do garoto da família protestante que vivia numa comunidade católica, numa cidade católica. O sentimento de não pertencimento que acompanha os conflitos com a identidade familiar quaker, expressa no rigor e autoritarismo maternos, soma-se aos conflitos identitários com a sociedade provinciana irlandesa da época — o que conduz o jovem Beckett a outros mundos, abertos pelo estudo das línguas e literaturas no Trinity College. Elementos que expressariam — de certa forma — sua radicalidade modernista, e definiriam sua vida como um escritor irlandês que escreve em francês e depois autotraduz sua obra para o inglês. Vive, morre e é enterrado em Paris.

O que se busca sugerir, com ressalvas, é a pertinência de articular a leitura da obra de Beckett e a narrativa biográfica sobre o autor (Knowlson) aos conceitos de literatura menor (Deleuze/Guattari), cultura pós-colonial (Stuart Hall) e tradução excêntrica (Haroldo de Campos). É um esforço de criar uma perspectiva crítica que deseja romper com uma crítica ainda insidiosamente formalista, que tem grande espaço e qualidade na fortuna crítica da obra de Beckett, e constitui uma geração de grandes nomes, como Pilling, Knowlson, Gontarski, Esslin, Cohn, Federman, entre outros (uma geração que se forma no momento pós-recepção francesa icônica, de nomes como Blanchot e Bataille). Para buscar essa ruptura, é imprescindível pensar a relação entre literatura e sociedade de forma extemporânea, de modo que as traduções de três dramatículos, vozes femininas, dialoguem com os marcos identitários da criação beckettiana. De certa forma, os conceitos acima perspectivam a obra de Beckett e a inserem num debate político, pelo viés da linguagem e de suas representações culturais, em que o pensamento é fundado na escuta das ressonâncias, que permite pensar o sentido no "reenvio simbólico".[4]

A literatura menor surge na obra de Félix Guattari e Gilles Deleuze na análise da obra de Kafka, mas em muitos momentos dessa análise, encontra em Joyce e Beckett representantes de obras que desterritorializam a linguagem, de formas diferentes:

---

[4] Nancy, Jean-Luc. 2002.

Sobre as duas maneiras possíveis, não se poderia dizê-lo também, em outras condições, de Joyce e de Beckett? Todos dois, irlandeses, estão nas condições geniais de uma literatura menor. É a glória de uma tal literatura ser menor, vale dizer, revolucionária para toda literatura. Uso do inglês, e de toda língua, em Joyce. Uso do inglês e do francês em Beckett. Mas um não cessa de proceder por exuberância e sobredeterminação, e opera todas as reterritorializações mundiais. O outro procede por força de secura e de sobriedade, de pobreza querida, empurrando a desterritorialização até que não subsistam mais que intensidades.[5]

Para a análise que Karl Erik Schøllhammer faz do conceito de literatura menor,

[...] a questão política se apresenta como o lado "realista" da literatura, não por descrever a realidade de maneira realisticamente verossímil e engajada, mas por ser ela mesma uma realidade que intervém nas práticas da sociedade. A principal questão a ser discutida, então, é: como a literatura intervém e como a sua leitura, a análise teórica, pode participar fortalecendo esta intervenção.[6]

O lado realista a que se refere o crítico tem um sentido antimimético e uma ação engajada, ao gerar uma intervenção na sociedade.

O estatuto de minoridade de Beckett se constitui na exclusão. Existe uma potência negativadora do real, que age de forma ácida no interior da língua, corroendo, fragmentando, reduzindo, desarticulando, transformando as línguas cêntricas em

---

[5] Deleuze, G.; Guattari, F. 1977, p. 30.
[6] Schøllhammer, Karl Erick. 2001, p. 60.

mero balbuciar, gaguejar, tagarelar, sem grandeza ou/e estilo. Ou, nas palavras de Deleuze em *Crítica e clínica*:

> O limite não está fora da linguagem, ele é o seu fora: e feito de visões e audições não linguageiras, mas que só a linguagem torna possíveis. Por isso há uma pintura e uma música próprias da escrita, como efeitos de cores e de sonoridades que se elevam acima das palavras. E através das palavras, entre as palavras, que se vê e se ouve. Beckett falava em "perfurar buracos" na linguagem para ver ou ouvir. "O que está escondido atrás" de cada escritor é preciso dizer: é um vidente, um ouvidor, "mal visto mal dito", um colorista, um músico.[7]

Esse processo, concordando com Schøllhammer, desconstrói aspectos de uma cultura logocêntrica, impedindo a conquista de sentido como propriedade do leitor, intervindo na troca simbólica tradicional. O leitor através da leitura não se ilustra, não conquista, não alcança, não possui senão intensidades. A linguagem desarticulada, desterritorializada, produtora de intensidades. Esse processo se traduz em alguma espécie de intervenção política, pensando o autor que surge após o autoexílio e a adoção do francês para a criação da trilogia *Molloy, Malone morre* e *O inominável*, e a consequente recepção da obra.

A autotradução tem um papel fundamental no último Beckett, sendo incorporada ao seu processo de escrita, da mesma forma que o Beckett encenador e tradutor da escrita literária para a escrita cênica passa por um momento de condensação das práxis do artista, gerando textos híbridos com dois originais e encenações ou filmagens. Um processo de dobras da linguagem.

---

[7] Deleuze, G. 1993, p. 9.

Já o conceito do ponto de vista do ex-cêntrico surge, como vimos, de forma definitiva na obra crítica haroldiana final, nos textos "Tradição, transcriação, transculturação" e "A tradução como instituição cultural", ambos publicados em 1997.

O ex-centrismo de Haroldo de Campos vai explorar uma circunstância do "salto vertiginoso" que faz a literatura brasileira entrar no palco do barroco — como uma não infância com "origem" em Gregório de Matos — em uma poesia de pós-produção,[8] que "recombina Camões, Góngora e Quevedo, incorpora africanismos e indigenismos em sua linguagem e recorre à paródia e à sátira, num jogo intertextual "carnavalizado", em que os elementos locais se mesclam aos "estilemas universais, segundo um processo de hibridação contínua",[9] para pensar um surgimento sem "gênesis" da literatura brasileira no berço de processos e reprocessamentos de criações transculturais. Tal ex-centrismo será confirmado na antropofagia oswaldiana por meio de "um desconstrutivismo brutalista: a devoração crítica do legado cultural universal", na condição do "mau selvagem", e que, por uma operação diversa da que citei anteriormente em Beckett, cria "uma visão da História como *função negativa* (no sentido de Nietzsche). Todo o passado que nos é *outro* merece ser negado. Merece ser comido, devorado, diria Oswald".

O ex-centrismo ao qual Campos se refere é escrito à margem da História Universal do Homem, que notadamente não nos inclui, assim como, por outras razões, não inclui a Irlanda. E isso, de certa forma, cria um álibi para a apropriação paródística e fragmentária, criando pontes, sem compromissos de origem ou *telos*.

---

[8] Bourriaud, Nicolas. 2009.
[9] Campos, Haroldo de. 1997, pp. 198-9.

Aqui, não cabe uma aproximação entre as desteriorizações de Beckett e as canibalizações de Oswald como processos excêntricos e ativismos políticos da linguagem. Mas, por ora, nos contentemos com a tomada de posicionamento de Haroldo de Campos como tradutor excêntrico, para entender a tradução bilíngue dos dois originais de Beckett com um processo transcultural simpático, que busca intensificar a sinalização crítica de trocas simbólicas em jogo, sem necessariamente ter de reafirmar a articulação canônica e universalizante da obra de Samuel Beckett, pisada e repisada.

O particular das trocas simbólicas excêntricas é do nosso interesse. E que particular poderia ser este? Primeiramente, o interesse em uma tradução como investigação crítica, aprofundando a escuta dos textos em busca de sonoridades diferentes e estranhamentos provocados nas duas línguas — o inglês e o francês —, gerando igualmente um "português brasileiro estranho". Lembro aqui que ambições teóricas são na maioria das vezes superlativas frente às criações, que resultam sempre aquém. Mas o interesse pelo aspecto auricular dos textos em sua importância nos inúmeros confrontos, muitas vezes com aspectos semânticos, tem como intuição repor um acento singular, como resíduo irlandês que nunca desapareceu das vocalizações beckettianas (são inclusive citadas em *Not I*) — não à toa Beckett escrevia seus textos frase a frase, repetindo em voz alta para elaborar as sonoridades e os ritmos de cada frase. Repetia-as inúmeras vezes.

Os processos de releituras críticas dos irmãos Campos também fazem parte da práxis tradutória dos irmãos, poetas, críticos e tradutores, que fazem nas ReVisões de Gregório de Matos, Sousândrade e Kilkerry uma ação crítica ex-cêntrica, reintroduzindo no mundo literário aquilo que faz parte da convicção de Haroldo de Campos ao afirmar que:

[...] ficará impossível escrever a "prosa do mundo" sem considerar, pelo menos como ponto de referência, as diferenças desses ex-cêntricos ao mesmo tempo bárbaros (por pertencerem a um periférico "mundo subdesenvolvido") e alexandrinos (por praticarem incursões de "guerrilha" no coração mesmo da Biblioteca de Babel), chamados Borges, Lezama Lima, Guimarães Rosa, Clarice Lispector, para dar apenas alguns exemplos significativos.[10]

O texto "A tradução como instituição cultural" faz uma síntese da trajetória do pensamento do tradutor Haroldo de Campos desde o seu primeiro ensaio crítico, em 1962, até 1997. Expõe as bases que consagraram os pressupostos da Transcrição até o prefácio do seu livro *A operação do texto*, onde já considera a tradução simultaneamente como Transcrição e como Transculturação. Ainda nesse texto, que nos interessa como parâmetro de diálogo tradutório com Beckett, Haroldo compara a atitude "desconstrutora" ("antropofágico-devorativa") dos valores dos países dominantes, a partir da óptica de um país periférico, ao conceito de literatura menor, citado nominalmente, sob o legado de ser a lógica do ex-cêntrico, a partir mesmo dos problemas de "identidade cultural".[11] Uma lógica relacional, modal, diferencial, dialógica, que possa criar deslocamentos e convergências não hierarquizadas.

Sem negar o óbvio cosmopolitismo da escrita beckettiana, a investigação da obra por dentro, através do processo de releitura e de inúmeras leituras simultâneas das versões em inglês e em francês, na busca de uma versão em português do Brasil, e buscando ficar o mais distante possível da tradução literal, de

---

[10] Campos, H. 2011, p. 204.
[11] Campos, H. 2011, p. 210.

equivalência semântica ou de conteúdo, que trairia a poética beckettiana, a investigação nos conduziu por imagens e sons que encontraram paridade na experiência de percorrer o interior da Irlanda. Mesmo sendo um "outro" país, e não sendo, de forma alguma, o "país de Beckett". As extensões verdes e planas recortadas por pequenas montanhas, com "pedras largadas" junto a rebanhos de ovelhas, o rural margeado pelo mar entre falésias, e o tropeçar em ruínas que remontam a 8 mil anos a.C., até as ruínas modernas das lutas pela independência, o som dos ventos, do mar nos rochedos, da chuva insistente, as constantes neblinas na alvorada e no fim de tarde, um mundo quase inabitado, reportam às intensidades que são produzidas numa escrita material e não acessória.

Como dialogar com o corpo?

Por que intensidades se reproduzem no corpo?

Que tipo de tradução pode ser assim?

Em um livro de Edward Saïd, *Cultura e imperialismo*, o sociólogo descreve assim o processo de ocupação sofrido pela Irlanda numa das últimas fases do imperialismo britânico no país:

> [...] o espaço colonial deve ser transformado a tal ponto que não mais pareça estranho ao olhar imperial. Mais do que qualquer outra colônia inglesa, a Irlanda foi submetida a inúmeras metamorfoses, por meio de constantes projetos de assentamento e, como ponto culminante, de sua virtual incorporação em 1801 pelo Decreto da União. A partir daí, foi decretado um Levantamento da Irlanda em 1824, cujo objetivo era anglicizar os nomes, retraçar os limites das terras para permitir a avaliação das propriedades (e a ulterior expropriação em favor de famílias "senhoriais" locais e inglesas) e submeter de maneira definitiva a população. O levantamento foi quase todo realizado por equipes inglesas, o que teve, como afirma

Mary Hamer com muita plausibilidade, o "efeito imediato de definir os irlandeses como incompetentes [e] [...] minimizar [suas] realizações nacionais". Uma das peças mais vigorosas de Brian Friel, *Translations* [Traduções] (1980), trata do efeito fragmentador do Levantamento sobre os habitantes autóctones. "Num tal processo", prossegue Hamer, "o colonizado é tipicamente [tido como] passivo e sem palavra própria, não controla sua própria representação, mas é representado segundo um impulso hegemônico, que o constrói como entidade estável e unitária." E o que foi feito na Irlanda também foi feito em Bengala ou, por obra dos franceses, na Argélia.[12]

Conhecemos o sentimento colonizado de inferioridade cultural, que é reproduzido na nossa linguagem coloquial e em ditos e piadas cotidianas. Agora mesmo vivemos um retrocesso na linguagem política que assume o poder do Brasil, admitindo uma submissão a países centrais, imperiais. Mas desconhecemos a disputa no interior da língua, e na nomenclatura da vida como campo de batalha. Podemos imaginar o efeito dessa interferência, conseguimos repensar a relação dos nomes com as narrativas entrecortadas, desestabilizadas pelas falhas da memória. Nomes próprios muito comuns na Irlanda, com M ou W, como se fossem todos criados a partir de monogramas nas fronhas das roupas de cama de Foxrock, May and William, os pais de Samuel Beckett.

A literatura menor surge de condicionamentos e vivências, como as analisadas por Deleuze e Guattari na Praga de Franz Kafka, judeu tcheco, burocrata de uma cidade cosmopolita no caminho entre capitais europeias, que escreve em alemão, mas escuta nas ruas o tcheco e no grupo de teatro, o iídiche.

---

[12] Saïd, Edward. 1995, pp. 215-6.

Os deslocamentos de Beckett com o autoexílio e a mudança na língua com que passa a se expressar, produziram descontinuidades que se projetam num mundo de perambulações narrativas e especulativas que buscam o "outro" como desdobramento de uma solidão cósmica, um "Eu" fragmentado enquanto voz e personagem — cenas das subjetivações sofridas. O autor parece se municiar de "vestígios de um mundo extinto", de onde os sons e as imagens surgem e desaparecem como "fantasmas", são ecos distantes que nunca acabam, apenas vão morrendo lentamente.

Stuart Hall, ao buscar mapear as identidades na pós-modernidade, opõe dois caminhos conceituais, o da Tradição e o da Tradução, de modos distintos daqueles que comparecem na transcriação haroldiana. Sobre a Tradução, nos diz:

> Este conceito (tradução) descreve aquelas formações de identidade que atravessam e intersectam as fronteiras naturais, compostas por pessoas que foram dispersadas para sempre de sua terra natal. Essas pessoas retêm fortes vínculos com seus lugares de origem e suas tradições, mas sem a ilusão de um retorno ao passado. [...] Elas carregam os traços das culturas, das tradições, das linguagens e das histórias particulares pelas quais foram marcadas. [...] Elas estão irrevogavelmente traduzidas. A palavra "tradução", observa Salman Rushdie, "vem etimologicamente do latim, significa "transferir", "transportar entre fronteiras". Escritores migrantes, como ele, que pertencem a dois mundos ao mesmo tempo "têm sido transportados através do mundo... são homens traduzidos" [Rushdie, 1991]. Eles são "produto das novas diásporas criadas pelas migrações pós-coloniais. Eles devem aprender a habitar, no mínimo, duas identidades, a falar duas linguagens culturais, a traduzir e a negociar entre elas.

A obra de Samuel Beckett tem uma potência política reveladora em seus "transportes", que vinculam e desvinculam identidades como num campo de refugiados; os pertencimentos do autor nos gestos e acentos de sua linguagem, as lacunas e os silêncios permitem as escutas, abrindo uma espécie de universalidade horizontal, que se amplia no diálogo intercultural. Aspectos de uma obra excêntrica.

BIBLIOGRAFIA

Novels of Samuel Beckett I: Volume I of The Grove Centenary Editions (Works of Samuel Beckett the Grove Centenary Editions). Paul Auster (ed.). Nova York: Grove Press, 2006.

Novels of Samuel Beckett II: Volume II of The Grove Centenary Editions (Works of Samuel Beckett the Grove Centenary Editions). Paul Auster (ed.). Nova York: Grove Press, 2006.

The Dramatic Works of Samuel Beckett: Volume III of The Grove Centenary Editions (Works of Samuel Beckett the Grove Centenary Editions). Paul Auster (ed.). Nova York: Grove Press, 2006.

Poems, Short Fiction and Criticism of Samuel Beckett: Volume IV of The Grove Centenary Editions (Works of Samuel Beckett the Grove Centenary Editions). Paul Auster (ed.). New York: Grove Press, 2006.

Andrade, Oswald de. *Manifesto Antropófago e outros textos*. Jorge Schwartz e Gênese Andrade (orgs.). São Paulo: Companhia das Letras, 2017.

Antelo, Raúl. *Potências da imagem*. Chapecó: Argos, 2004.

Campos, Haroldo de. *Da transcriação poética e semiótica da operação tradutora*. Belo Horizonte: Fale/UFMG, 2011.

Bourriaud, Nicolas. *Pós-Produção: Como a arte reprograma o mundo contemporâneo*. Trad. de Denise Bottmann. SP: Martins Fontes, 2009.

Deleuze, Gilles. *Lógica do sentido*. Trad. de Luiz Roberto S. Fortes. São Paulo: Perspectiva, 1974.

Deleuze, Gilles; Guattari, Félix. *Kafka — Por uma literatura menor*. Rio de Janeiro: Imago, 1977.

_____. *Crítica e clínica*. São Paulo: Editora 34, 2003.

Hall, Stuart. *Da diáspora: Identidades e mediações culturais*. Liv Sovik (org.). Trad. de Adelaine La Guardia Resende. Belo Horizonte: Editora UFMG/Brasília: Representação da Unesco no Brasil, 2003.

Knowlson, James. *Damned to Fame — the life of Samuel Beckett*. A Touchstone Book. Nova York: Bloomsbury, 1997.

Nancy, Jean-Luc. *A L'Écoute*. Paris: Éditions Galilée, 2002.

Saïd, Edward. *Cultura e imperialismo*. Trad. de Denise Bottmann. São Paulo: Companhia das Letras, 1995.

Schøllhammer, Karl Erik. "As práticas de uma língua menor: Reflexões sobre um tema de Deleuze e Guattari". *Ipotesi*, vol. 5, nº 2, jul./dez. 2001. Juiz de Fora: Ed. UFJF, pp. 59-70.

Sobre o tradutor

Fábio Ferreira é diretor de teatro, dramaturgo, tradutor e pesquisador teatral. Doutor e mestre em Literatura, Cultura e Contemporaneidade pela PUC Rio/Universidade de Copenhague e bacharel em Teoria das Artes Cênicas UNIRIO. É professor de Arte e Filosofia na PUC Rio/CCE. Criou os festivais Rio Cena Contemporânea (1996/2007) e ArtCena – Processos de Criação (2008/2011). Dirigiu cerca de vinte peças, entre elas: *Doroteia, Menos um, A doce criatura, Discursos, Traço obscuro, Barba Azul, a esperança das mulheres, A dona do Fusca laranja, O idiota, Mosaico Maiakovski, Mistério bufo, Penso ver o que escuto, Two Roses for Richard III* e *Vozes do silêncio*. É pesquisador do Grupo de Estudos sobre Samuel Beckett, da USP/CNPq.

Esta tradução é dedicada à crítica Flora Süssekind e à atriz Carolina Virgüez.

Agradecimento especial à Monica Maia.

CIP-BRASIL. CATALOGAÇÃO NA PUBLICAÇÃO
SINDICATO NACIONAL DOS EDITORES DE LIVROS, RJ

B356v

Beckett, Samuel, 1906-1989

Vozes femininas : Não eu, Passos, Cadência / Samuel Beckett ; tradução Fábio Ferreira. - 1. ed. - Rio de Janeiro : Cobogó, 2022. (Dramaturgia)

Tradução de: Not I, Footfalls, Rockaby
ISBN 978-65-5691-052-9

1. Teatro irlandês. I. Ferreira, Fábio. II. Título. III. Série.

21-75082   CDD: 828.99152
              CDU: 82-2(415)

Camila Donis Hartmann - Bibliotecária - CRB-7/6472

A tradução destas peças de Samuel Beckett é resultado do projeto de pesquisa realizado através da Bolsa de Doutorado CAPES.

© Editora de Livros Cobogó, 2022

NOT I © Samuel Beckett 1973, 2001
FOOTFALLS © Samuel Beckett 1976, 2004
ROCKABY © Samuel Beckett 1982

Todos os direitos reservados ao Espólio de Samuel Beckett AC/Rosica Colin Limited, Londres. Todo e qualquer direito destas peças são estritamente reservados. Aplicações para toda e qualquer performance, incluindo apresentação profissional, amadora, recitação, palestra, leitura pública, transmissão, televisão e os direitos de tradução em línguas estrangeiras, devem ser solicitadas antes do início dos ensaios a: Curtis Brown Group Ltd, 28-29 Haymarket, Londres. SW1Y 4SP, UK. Nenhuma performance pode acontecer sem que a licença tenha sido outorgada.

Editora-chefe
Isabel Diegues

Editoras
Aïcha Barat
Valeska de Aguirre

Gerente de produção
Melina Bial

Revisão final
Eduardo Carneiro

Projeto gráfico de miolo e diagramação
Mari Taboada

Capa
Luiza Marcier

Ilustrações capa
Fábio Ferreira

Todos os direitos reservados à
Editora de Livros Cobogó Ltda.
Rua Gen. Dionísio, 53, Humaitá
Rio de Janeiro – RJ – Brasil – 22271-050
www.cobogo.com.br

COLEÇÃO DRAMATURGIA

ALGUÉM ACABA DE MORRER LÁ FORA, de Jô Bilac

NINGUÉM FALOU QUE SERIA FÁCIL, de Felipe Rocha

TRABALHOS DE AMORES QUASE PERDIDOS, de Pedro Brício

NEM UM DIA SE PASSA SEM NOTÍCIAS SUAS, de Daniela Pereira de Carvalho

OS ESTONIANOS, de Julia Spadaccini

PONTO DE FUGA, de Rodrigo Nogueira

POR ELISE, de Grace Passô

MARCHA PARA ZENTURO, de Grace Passô

AMORES SURDOS, de Grace Passô

CONGRESSO INTERNACIONAL DO MEDO, de Grace Passô

IN ON IT | A PRIMEIRA VISTA, de Daniel MacIvor

INCÊNDIOS, de Wajdi Mouawad

CINE MONSTRO, de Daniel MacIvor

CONSELHO DE CLASSE, de Jô Bilac

CARA DE CAVALO, de Pedro Kosovski

GARRAS CURVAS E UM CANTO SEDUTOR, de Daniele Avila Small

OS MAMUTES, de Jô Bilac

INFÂNCIA, TIROS E PLUMAS, de Jô Bilac

NEM MESMO TODO O OCEANO, adaptação de Inez Viana do romance de Alcione Araújo

NÔMADES, de Marcio Abreu e Patrick Pessoa

CARANGUEJO OVERDRIVE, de Pedro Kosovski

BR-TRANS, de Silvero Pereira

KRUM, de Hanoch Levin

MARÉ/PROJETO BRASIL, de Marcio Abreu

AS PALAVRAS E AS COISAS, de Pedro Brício

MATA TEU PAI, de Grace Passô

ÃRRÃ, de Vinicius Calderoni

JANIS, de Diogo Liberano

NÃO NEM NADA, de Vinicius Calderoni

CHORUME, de Vinicius Calderoni

GUANABARA CANIBAL, de Pedro Kosovski

TOM NA FAZENDA, de Michel Marc Bouchard

OS ARQUEÓLOGOS, de Vinicius Calderoni

ESCUTA!, de Francisco Ohana

ROSE, de Cecilia Ripoll

O ENIGMA DO BOM DIA, de Olga Almeida

A ÚLTIMA PEÇA, de Inez Viana

BURAQUINHOS OU O VENTO É INIMIGO DO PICUMÃ, de Jhonny Salaberg

PASSARINHO, de Ana Kutner

INSETOS, de Jô Bilac

A TROPA, de Gustavo Pinheiro

A GARAGEM, de Felipe Haiut

SILÊNCIO.DOC, de Marcelo Varzea

PRETO, de Grace Passô,
Marcio Abreu e Nadja Naira

MARTA, ROSA E JOÃO,
de Malu Galli

MATO CHEIO, de Carcaça
de Poéticas Negras

YELLOW BASTARD,
de Diogo Liberano

SINFONIA SONHO,
de Diogo Liberano

SÓ PERCEBO QUE ESTOU
CORRENDO QUANDO VEJO QUE
ESTOU CAINDO, de Lane Lopes

SAIA, de Marcéli Torquato

DESCULPE O TRANSTORNO,
de Jonatan Magella

TUKANKÁTON + O TERCEIRO
SINAL, de Otávio Frias Filho

SUELEN NARA IAN, de Luisa Arraes

SÍSIFO, de Gregorio Duvivier
e Vinicius Calderoni

HOJE NÃO SAIO DAQUI,
de Cia Marginal e Jô Bilac

PARTO PAVILHÃO,
de Jhonny Salaberg

A MULHER ARRASTADA,
de Diones Camargo

CÉREBRO_CORAÇÃO,
de Mariana Lima

O DEBATE, de Guel Arraes
e Jorge Furtado

BICHOS DANÇANTES, de Alex Neoral

A ÁRVORE, de Silvia Gomez

CÃO GELADO, de Filipe Isensee

PRA ONDE QUER QUE EU VÁ SERÁ
EXÍLIO, de Suzana Velasco

DAS DORES, de Marcos Bassini

COLEÇÃO DRAMATURGIA ESPANHOLA

A PAZ PERPÉTUA, de Juan Mayorga | Tradução Aderbal Freire-Filho

ATRA BÍLIS, de Laila Ripoll | Tradução Hugo Rodas

CACHORRO MORTO NA LAVANDERIA: OS FORTES, de Angélica Liddell | Tradução Beatriz Sayad

CLIFF (PRECIPÍCIO), de José Alberto Conejero | Tradução Fernando Yamamoto

DENTRO DA TERRA, de Paco Bezerra | Tradução Roberto Alvim

MÜNCHAUSEN, de Lucía Vilanova | Tradução Pedro Brício

NN12, de Gracia Morales | Tradução Gilberto Gawronski

O PRINCÍPIO DE ARQUIMEDES, de Josep Maria Miró i Coromina Tradução Luís Artur Nunes

OS CORPOS PERDIDOS, de José Manuel Mora | Tradução Cibele Forjaz

APRÈS MOI, LE DÉLUGE (DEPOIS DE MIM, O DILÚVIO), de Lluïsa Cunillé | Tradução Marcio Meirelles

COLEÇÃO DRAMATURGIA FRANCESA

É A VIDA, de Mohamed El Khatib | Tradução Gabriel F.

FIZ BEM?, de Pauline Sales | Tradução Pedro Kosovski

ONDE E QUANDO NÓS MORREMOS, de Riad Gahmi | Tradução Grupo Carmin

PULVERIZADOS, de Alexandra Badea | Tradução Marcio Abreu

EU CARREGUEI MEU PAI SOBRE MEUS OMBROS, de Fabrice Melquiot | Tradução Alexandre Dal Farra

HOMENS QUE CAEM, de Marion Aubert | Tradução Renato Forin Jr.

PUNHOS, de Pauline Peyrade | Tradução Grace Passô

QUEIMADURAS, de Hubert Colas | Tradução Jezebel De Carli

COLEÇÃO DRAMATURGIA HOLANDESA

EU NÃO VOU FAZER MEDEIA, de Magne van den Berg | Tradução Jonathan Andrade

RESSACA DE PALAVRAS, de Frank Siera | Tradução Cris Larin

PLANETA TUDO, de Esther Garritsen | Tradução Ivam Cabral e Rodolfo Garcia

NO CANAL À ESQUERDA, de Alex van Warmerdam | Tradução Giovana Soar

A NAÇÃO, de Eric de Vroedt | Tradução Newton Moreno